Ecólogo de día feriado

Antología personal

BIBLIOTECA BÁSICA
DE AUTORES VENEZOLANOS

JUAN CALZADILLA

Ecólogo de día feriado
Antología personal

Prólogo
MIGUEL MÁRQUEZ

BIBLIOTECA BÁSICA
DE AUTORES VENEZOLANOS

República Bolivariana de Venezuela
Monte Ávila
Editores Latinoamericana CA

1ª edición en Colección Biblioteca Básica de Autores Venezolanos, 2006
1ª reimpresión, 2007

ILUSTRACIÓN DE PORTADA
Obra del autor (fragmento), s/d

DISEÑO DE COLECCIÓN
Marisela Balbi

DISEÑO DE PORTADA
Helena Maso

© MONTE ÁVILA EDITORES LATINOAMERICANA C.A., 2005
Apartado Postal 70712, Caracas, Venezuela
Telefax: (58-212) 263.8508
www.monteavila.gob.ve

Hecho el Depósito de Ley
Depósito Legal Nº lf50020078001138
ISBN 980-01-1387-8

BIBLIOTECA BÁSICA
DE AUTORES VENEZOLANOS

La colección *Biblioteca Básica de Autores Venezolanos* se origina en la necesidad de garantizar a nuestra sociedad el acceso al disfrute de la lectura. Su formulación está enmarcada dentro de los objetivos estratégicos que se plantea el Estado para alcanzar la democratización de la lectura, a través del libro como un bien cultural esencial destinado a la formación y el desarrollo de los ciudadanos. Por ello Monte Ávila Editores Latinoamericana, la editorial del Estado venezolano, presenta este conjunto de ediciones masivas conformado por una cuidada selección de títulos consagrados del acervo literario nacional.

En este sentido, la *Biblioteca Básica de Autores Venezolanos* acoge obras de la narrativa (serie verde), la poesía (serie roja), la dramaturgia (serie durazno) y la prosa ensayística y documental (serie azul); que dan cuenta de la rica y espléndida trayectoria de las letras venezolanas.

ECÓLOGO DE DÍA FERIADO
O UNA POESÍA ON THE ROCK

Tal vez el rock argentino sea el mejor de América Latina por el rigor con que asumieron su destino: ser la encarnación de una propuesta que logró unir al desenfado con la invención lírica, a la tradición cosmopolita con las contradicciones de la herencia, a la furia política y social con la lucidez. Mataderos raciales, estimas hipertrofiadas, desprecio, serpientes sorprendidas por insolaciones mediúmnicas.

Y entre este rock argentino y Juan Calzadilla, puntualizo en éste, al igual que en aquél, la argumentación ácida, precisa, inconforme y bufonesca. Por ello quizás en ambos confluyen la tentación y el desafío, los silbidos salvajes, el ladrido de los sonámbulos. Este libro, de extrema rebeldía, está tocado por la ira y la vergüenza. A la manera de un sistema nervioso que denuncia, critica y cuestiona, pero que también elabora un espacio como custodia del sentido. Escribir, entonces, es entender, es crear desde la palpitante exaltación que nos constituye, y desde múltiples escenografías desmontar la farsa apasionante de la comedia humana y con esa burla como cómplice que pareciera comprometer al lector con quién sabe qué cosa que abunda en estos textos, con la fiel mordacidad que no entrega las armas jamás. (La atención, aquí, es un animal peligroso.)

Para hablar de esta obra (de este Ecólogo de día feriado)
*sería recomendable tener cerca la mirada arquitectónica,
esa que puede detenerse a observar estructuras fragmen-
tarias en las capas geológicas del universo artificial, allí
donde la ecología no es más que materia inequívoca del
arte dramático, medio ambiente para los maniquíes y los
espejos, las vitrinas y las alcantarillas sospechosas. Una
arquitectura matemática habría que agregar aunque redun-
de, no hecha para el tiempo, para las ideas arcaicas de la
memoria estética. En este libro, sobre todo, nadie es ino-
cente y la sentencia vale y cobra cuerpo a cualquier hora.*

*Además, Juan Calzadilla es un caso difícil. Hablo de di-
ficultad no por lo poco tratable, que lo es en mucho, sino
por el trabajo que exige, por la laboriosa, paradójica y
concisa interpelación que su lectura pone en marcha. Me
gustaría, por ejemplo, escribir lo que digo sobre su poesía
con una sucesión cercenada de puntos, de caídas repentinas
en las frases, de ruegos y ruidos entrecortados. El puñal, en
su escritura, no es un invitado metafórico más. Agarra can-
cha, se acomoda en el diván luminoso del margen, en la
extravagancia sugestiva de los difuntos, de los infinitos ru-
mores del subsuelo, en esa incómoda franja de la inteligen-
cia que pule y hiere, que no le deja a la tranquilidad un
noble mar de recuerdos. Quiero decir, su poesía me cuesta
y me seduce. Costo por lo que tiene de anti, de contra, de
negativa, de batracio. Me vuelvo a explicar: no deseo para
mí, para la manera de relacionarme con los versos, lo que
él entiende ni lo que concentran sus palabras en la noche
del espíritu. Pero sus palabras me resultan diálogos indis-
pensables en el viaje a la conciencia.*

*Digo, pienso, escribo: estos garabatos de un sobrevi-
viente poco agradecido me dan rabia porque muerden en*

*la creída consistencia de un mundo que parecía, al menos
para unos cuantos, líricos y encantados, de piedra dura.
Su poesía, por el contrario, cala y se detiene en la desinte-
gración, jamás en la anatomía vital de los cuerpos, o en la
visión cosmológica de las estructuras rítmicas acopladas
a los profundos deslizamientos de los planetas. En su poesía el
relativismo es perverso, goza con la desposesión y la ausencia.
Su descreimiento es progresión de multitudes sin cordón umbi-
lical, variopinta dispersión de morbosidades. Morboso, por
lo que tiene de obstinado, de insistente latido, de arruinada
fiesta. No sabemos nunca dónde está el francotirador. Pero
allá, encima de aquellos cristales, está una mirada que se
mira y nos mira y se repite infatigable y angustiosamente.*

*Entre tanto, uno pudiera pensar la función que ocupa la
«naturaleza» en este libro. Y creo que ella no posee mayor
consistencia entre los argumentos sucesivos que la despla-
zan por carecer de cuerpo protagónico y su presencia ines-
table le otorga mayor fuerza a la voz del soliloquio urbano.
Existe, sí, la contundencia de lo social, de lo histórico, de
lo cultural, donde la visión se afinca con esmero y desvelo.
Por ejemplo, ese follaje que vemos moverse cuando el viento
lo pone a hablar, no es más que la forma de una percepción
cifrada que custodia sus intereses. Hablamos entonces de los
reinos impuros de las urbes prosaicas y la naturaleza se
parece a una alegoría del extrañamiento en las señales elec-
trónicas del mundo actual y nadie la reclama ni aspira a
encontrarse con ella en el semen sagrado de una venta por
departamentos donde todo está en rebaja. La modernidad,
pareciera decirnos esta poesía, ha sido el fin de los ríos, de
los árboles, de la memoria (así nombra a ésta en uno de sus
poemas: «Memoria, te nombraré de última, / ah viejo reloj
estropeado»). Ni cosmos, ni cielo ni la sombra líquida de los*

amantes en los dibujos mitológicos de la filosofía hindú. Nos hemos quedado sin la lluvia, sin el duelo del cuerpo al despedirse de un profundo bosque de aguas. Laberinto de ecos amargos y despiadados y la abstracción es ley, le sustrae al mundo las sustancias románticas y no hay color que se salve, salvo el blanco y el negro, no como juego de oposiciones, sino como planos donde lo individual no pareciera ser más que un punto serial en la modernidad burguesa que aquí se ve patas arriba por un ecólogo que posee instrumentos eficaces para exponer, con la paciencia de un naturalista sin objeto, el absurdo de un universo, el nuestro, donde después de leer estos apretados diarios de un viajero, sabemos que el propósito de forjarse la gente el despropósito de ser personalidades respetables es tan ridículo como la ingenuidad:

En mi entierro iba yo hablando mal de mí mismo
y me moría de la risa.
Enumeraba con los dedos de las manos
cada uno de mis defectos

y hasta me permití delante de la gente
sacar a relucir algunos de mis vicios
como si me confesara en voz alta
y en la vía pública.

Comprendo que esto no es usual en un entierro
ni signo de buen comportamiento.
Un ciudadano cabal, aun estando muerto

—cuando él es el centro de la atención—
debe guardar las apariencias
y cuidar de no exponerse al ridículo

Añicos y pulsaciones, restos e intensidad, polvo pensante que se reparte en diminutas porosidades, en trozos, en pedazos, en pólipos. Cada voz, cada palabra, inscribe su distancia como por arte refinado del combate. Esta poesía, esta jauría, nacida desde la violencia a la que cabal y psíquicamente expresa, sabe más y sabe menos de lo que se propone, pero está allí, con la extraviada precipitación de los vocablos, con la dislocada paciencia para astillar el rompecabezas, para minuciosamente construir un festín residual, y preciso. Y es consistente el poeta: le encanta la interrogación que hace con su presencia una figura filosa, aguda, punzante. Y además, revólver en mano, sonríe. Arma su lanceolado laboratorio frente a los ojos de la fiebre; ante la densa oscuridad, él, sus páginas, para oponerse a las ruines razones de los románticos y acabar de un trancazo con la seguidilla de la inspirada confianza, de la retahíla bienhechora.

Escepticismo, ironía, distancia. No cree en mucho, al parecer, pero sentencia desde la observación escatológica (de éskhatos, último, relativo a los muertos), desde una mirada estrábica, siempre con un ojo en el submundo, y con el otro hace del mundo una metálica proliferación de situaciones que no deben dejarse pasar. Su contención golpea y es intenso su despliegue de refractantes identidades, las que traman su razonado delirio.

Callo y leo, me demoro en los ángeles rasgados y regados por el piso, por la ciudad de los soles ciegos, de los epitafios proyectados en las vallas publicitarias. Aquí la vanidad se ve escudriñada por un ojo implacable. Aquí el grito, el disparo, la parábola, las contradicciones, las paradojas ascéticas de las rebeliones prolongadas.

*Esta «antología personal de Juan Calzadilla», hay que decirlo, ha podido ser seleccionada por el autor mismo pero sin que fuera necesariamente personal, ya que somos varios cada uno de nosotros, se sabe, y las que más saben, como está demostrado, son aquellas voces que no llevan nuestro nombre pero hablan a cada instante por nosotros sin pedirnos permiso ni siquiera para ladrarle a quien sea en plena calle mientras los otros nos reprochan. Así, esta antología es personal porque la escriben varios de los que en el poeta habitan, y a entender por la variada forma de registrar la experiencia y ese título que tiene algo de festi-*vo a pesar de remitirnos al ámbito de lo burocrático, Ecólogo de día feriado, *me resulta probable pensar que los muchos Calzadillas que aquí se exponen organizaron este libro con satisfacción por lo menos, no vaya a ser que se molesten si uno les menciona aquí la palabra alegría.*

La actualidad de su registro poético ha sido recibida y celebrada con mucha dedicación en Colombia, Argentina, Brasil, países donde la audiencia de buenos lectores de su poesía es cada vez mayor. Y quiero refrendar en estas palabras mi admiración por este maestro generoso e iconoclasta que ha sido para muchos un paradigma diamantino del riesgo, siempre difícil, de vivir y escribir con la mayor autenticidad. Un pedagogo presocrático y virtual, permisivo y solidario que con saludable humor nos recibe en las puertas del cielo y el infierno, en el espejismo y la errancia, a nosotros, los últimos de la fila, a los que muy pocas veces salimos en la foto por una razón que desconocemos.

Me gustaría decirte Juan: veo en tus grabados de la psique y de la neurosis que nuestras ciudades reescriben a través de los mediadores de la (des)composición reflexiva y constantemente creadora, que los giros y un estado de coma que me llevan de persona en persona a echar mi cable a tierra, *son mi forma de darte las gracias de lector por la música contemporánea y jeroglífica de tus poemas, éstos que deseo le lleguen pronto a mucha gente joven que podrá encontrar aquí la rebeldía suficiente para continuar encaramándose con osadía y desafío en los techos, en los dichos y en los hechos, y tal como su intuición les indica, reinventar lo humano y lo divino como única y legítima tarea:*

Deberíamos atrevernos a narrar con lujo
de detalles todo lo que nos pasa por la mente
en una especie de diario donde nada real sucede.
De este modo le ahorraríamos a la memoria
tener que venir a auxiliarnos con un discurso
torpe y lleno de ambigüedades
después de que los hechos ya han pasado
o no sucedieron.
No importa que nos equivoquemos
o que, exagerando la nota, lo que testimoniemos
resulte ser, como en el caso de los poetas
la obra de un gran embustero.
Después de todo no se escribe
sino sobre lo que uno imagina. Así
lo que imaginemos sea lo único
que en nuestras perras vidas
nos ha pasado.

MIGUEL MÁRQUEZ

LA LÓGICA DEL VENCEDOR

No hay nadie que diga «¿Cómo haré para quitármelo de abajo?» ¿Se ha oído esto alguna vez de un boxeador implacable? ¿O del machista ocupado en azotar a su madre? ¿O de la mandíbula del pez respecto al que se ahoga? Con el triunfador de nuestras letras, el Balzac que mira de arriba a abajo a sus congéneres, pasa otro tanto. Nunca cree que ha triunfado lo suficiente hasta que siente que ha dejado a sus rivales con la lengua afuera

¿POR QUÉ TENGO YO QUE IR MÁS APRISA?

A través de la ventanilla del automóvil
observo los muros, las casas, las calles,
los árboles, los pastos, los cultivos, los baldíos,
que ante mí también pasan raudos
a la misma velocidad que yo paso
pero en dirección contraria,
como si entre la naturaleza y yo se estableciera
una pugna para decidir
quién se despide y quién se queda.
¡Oh, de ningún modo pretendo ni quiero
permanecer fijo!
Mi movilidad es lo que hace que viva.
Es, así pues, mi carta de triunfo.
Pero ¿por qué tengo yo que ir más aprisa
y dar cuenta de los frutos de mi rápida incursión
en esta vida, de las ganancias y pérdidas
que en el trayecto hice?
En realidad yo a donde quiero ir
es hasta donde mi viaje termine
No hasta donde ustedes quieren
que yo rápidamente vaya
haciéndome creer que con esto me ahorran
más dolores y penas

y que la partida y el final son igualmente fatales.
En realidad, como les digo, yo lo que quiero
es que me dejen llegar a donde mi meta se acabe,
tranquilo, sin que sienta pena por no haberme ocupado
de hacer el balance de ganancias y pérdidas,
subido a mí mismo, sí,
y apenas tan rápido
como me lo permiten mis cuatro extremidades.

(1999)

EL VIAJE

A Allen Ginsberg, in memoriam

Estoy jodido cuando me cruzo de brazos
y paralizado en la horma de mis zapatos
vigilo sin atreverme a cruzar la calle
para tomar caminos que me dispersen
o que, ay, no me conduzcan a nada.

Estoy jodido cuando me cruzo de brazos.
Y mi mente aturdida frenando mi impulso
no me ordena avanzar un sólo paso
para salir lo más pronto del asunto
que me tiene jodido cuando me cruzo de brazos.

Y si avanzo un trecho es sólo en falso
temeroso de que el mundo pueda venirse abajo
antes de que llegue yo al sitio elegido,
a la plaza donde al amanecer
la gente desnuda baila y canta
y donde el paraíso aún no se ha perdido.

Y la acción y los minutos
y el inatrapable amor en su atolladero pasan
desprendidos del tiempo que los arroja
lejos del sitio desde donde

dentro de la cárcel de mi viejo cuerpo vigilo,
jodido porque no hago más que cruzarme de brazos.

Allá abajo en la calle irresponsablemente hociquea
el mentón del tráfico.
Y brota en el friso maltrecho el croquis de las lluvias.
El árbol sin fronda viéndose en el vidrio
jamás trazará en el mapa de mi ventana
el rumbo que al insomne llevaría al país de la magia,
si como yo, cruzándose de brazos,
no estuviera para siempre jodido.

(1997)

ALBORADA DEL NÁUFRAGO

Yo no amaría a la madrugada
si el sol no estuviera próximo.
Pues no es la continuidad de la noche
lo que quiero, sino el deslumbramiento,
el resplandor de otro comienzo.
No amaría a la madrugada si fuera autónoma
            y estuviera en sí misma completa.

Si no fuera la mitad en sombras
de lo que, a la salida del sol, nos vuelve dichosos.
Yo no amaría a la madrugada
si estuviera en manos
de mi desvelo prolongar por más tiempo
su agonía para evitar que sus doradas alas
no se apresuren a traernos,
pronto, ay, la luz del nuevo día.

(*Epílogo*)

Madrugador es el que, estando a punto de partir,
espera por la orden del astro rey.
Tan pronto el sol despunta, dice:

«Me he librado de la noche.
El día es otra cosa».
Y cae muerto.

(2002)

PARADOJA DEL INSOMNE

Estoy bastante satisfecho
de poder hablarme a mí mismo
y de que, además, pueda ser
oído por alguien que, como yo,
es de mi entera confianza.
Y que me pone tanta, tanta atención
Como la que yo a mí mismo me presto.

2

¿Qué buscabas en los semblantes
perdidos entre los cuerpos de la multitud?

A alguien que, porque nunca existió,
no ha desaparecido.
O a alguien que, porque no estaba desaparecido,
nunca existió.
O a nadie.

(2000)

INJUSTO CON SUS EMOCIONES

Yo no creo que el poeta sea injusto con sus emociones
porque las explote. Más bien
frente a éstas actúa con miedo y pudor,
celoso y confiado en que las palabras harán el resto,
sabiendo que más allá del limitado poder de lenguaje
querer abarcar lo inexpresable conlleva
derrota y humillación. Fuera de las palabras
no hay otro mundo que el que ellas invocan.
Y así sucede con la experiencia,
la cual, para afirmarse, solicita más y más contención.
Y pide al espíritu complicidad con las cosas
para corregir en el poema
todo defecto producido por abundancia o repetición,
o por la inmodestia de quien,
por el hecho de haberlo escrito,
se siente poseído por la vanidad
de considerarse su autor.

(1997)

LEYENDO A LOS OTROS

Yo aprendo de los otros no menos
de lo que los otros aprenden de mí.
Supongo que viéndolos, oyéndolos
a diario, descifrando sus rostros como quien lee
un periódico viejo, observando cómo administran
sus hábitos, sus ademanes contaminados
por la ciudad, el alcohol, las cicatrices,
las derrotas, la lámpara sin pantalla
a medianoche en medio de los disparos,
el insomnio y, en fin, todas las atrocidades.

Aprendo estrategias de la gente, sin andar
con rodeos. De mí también ellos aprenden
lo propio. Y leyendo mi rostro me conocen
y no se apiadan de mí
ni me perdonan.

(1998)

LA FUGA DE LOS LÍMITES

Hablando de la imaginación
nunca alcanzamos un grado más allá de lo real.
Lo mismo pasa con el sentimiento
cuya capacidad de conmovernos
cuando se hace de él objeto
de una exacta descripción, nunca va más
lejos de lo que el trastornado universo
de las palabras reduce a la exclusiva esfera
de la experiencia personal.

Así nos da igual cuando el poeta,
manejándose a su arbitrio,
colmado de ira o de paz,
escribe para componer un párrafo:
«Bueno y qué. Esto ocurrió en tiempos
del emperador. Ah, pero vean, la escena
del buitre se repite ahora. La misma
turba enfurecida se da cita para asaltar
una estación de tren y ahora se dispone
a prender fuego al Palacio».
O también: «En el banco del parque
hay una pareja de enamorados y un turpial».

PÍFANO SALVAJE

Aquella pequeña aventura
de adentrarme en el misterio prendió en mi corazón.
Me sentí entristecido como si de pronto
hubiese surgido un obstáculo insalvable en mi camino
a medianoche
sin que el sobresalto
impidiera levantarme de la cama
como en mi insomnio de otras ocasiones.
Al despertar, el sillón, las carcajadas,
la puerta que daba al patio
eran las imágenes de un instrumento
muy bien afinado para la tortura.
Y el miedo que arroja su voz de mando
desde mis entrañas
tomó las previsiones del caso.
Así de incesante como mis pasos era la velocidad
de la carrera, tras la fuga
continuamente recortada contra la escalera
desde donde, durante el acoso, el mago
parado en la puerta dirigía la escena
con la crueldad maliciosa del que pareciera
estar soplando un pífano salvaje.

(1995)

EL DOBLE

Una voz oí a mis espaldas
alertándome que alguien
se quedó encerrado en la sala
luego de yo haber salido

y pasado dos veces la llave.
No puede ser una persona pues
¿quién otro habita mi casa
que no sea yo solo? A menos

que quien así habla sea mi doble.
Yo no estaba tan mareado
y llevaba mis gafas bien calzadas
a los orificios de mis ojos

para creer, después de viejo,
en un fantasma que así me hablara
ya en serio o para tomarme el pelo.
A menos que se trate de mi doble.

Pasadas las doce de la noche,
como en un susurro desde el fondo
de la sala oscura y sin que para
oírlo tuviera yo necesidad

de pegar los oídos contra el vidrio
de la ventana, oí de nuevo
aquella voz que suplicaba:

No me dejes aquí dentro,
llévame contigo. Soy tu doble.

(1999)

LA MÁSCARA Y MI DOBLE

¡Con qué gusto llevaría yo mi disfraz a todas partes!
Un disfraz tan holgado y transparente
que no tuviera yo necesidad de emplear
más traje que la piel de mi cuerpo.

Un disfraz cuya obviedad demuestre
que en su molde mi vida ha quedado
para siempre fidedignamente impresa
y en el que para reconocerme no sea

necesaria otra máscara que la que llevo puesta.
Irreverente, feliz o afectuoso, qué importa
con tal, señores, de que fuera un disfraz
que pudiera adoptar mis gestos.

Y en el cual, una vez dentro, no me sintiera
yo más encadenado al deseo de ser otro.
Un disfraz, quiero decir, idéntico a mí mismo,
que yo pueda llevar con gusto a todas partes,

a los consejos de familia, al congreso
y a las asociaciones de vecinos.

En fin, un disfraz por el que nadie ni yo mismo
tengamos que sentir vergüenza
y en donde definitivamente reconfortado
mi doble pudiera moverse a sus anchas.

(1982)

CORTADOS POR LA MISMA MEDIDA

El lugar donde antes estuvo mi cabeza
ahora lo ocupa un espejo.
Es ovalado y sirve para que, quien me busca,
creyendo verme, se descubra sólo a sí mismo.

Tú que ensayas encontrarme, mírate bien
para que puedas llegar a decir:
puesto que me he visto, te he visto.
¡Estamos cortados por la misma medida!

(1993)

AQUEL

Aquel que, de suyo,
no es otra cosa que lo que le falta
para obtener título de ciudadano común.

Aquel que camina falto de cuerpo
y cuya levitación necesita
ser autorizada por los jueces.

Aquel cuya vida aún no ha sido
y que entra siempre en el campo
de las sospechas
accionando manos que se prestan
a ser confundidas con los pies.

Aquel que alega razones que se desmoronan
fácilmente y construye lecho
en el centro de la creciente.

Aquel que adquiere la forma del número
que le atribuyen
en los lugares de cedulación.

Aquel cuya sensibilidad
es siempre motivo de risa para el señor.

(1978)

UN MUNDO A CUESTAS

La imagen de un obrero que desciende
la empinada cuesta llevando en sus hombros
un saco de cemento, apenas si difiere
de la forma que tomaría ese hombre
si, en las mismas condiciones, en vez de cargar
un saco de cemento, llevara en sus hombros
un cuerpo humano. Sin duda que así también
podría cargarse una cruz. Los mismos gestos,
el mismo descenso frágil, calculado, tenso
por el accidentado camino. El mismo temor
a pisar en falso para evitar el traspié.

¡Ese obrero lleva el mundo a cuestas!

(1986)

LA INSPIRACIÓN

No escribo sobre aquello que pasa por mi cabeza.
Más bien escribo sobre aquello
por lo que mi cabeza pasa.
Vivo solo, encerrado en mi cuerpo.
Yo soy mi universo y mi solo firmamento.
A veces, desde afuera, una corriente de aire entra
cuando se abre la puerta
y un montón de cosas viene a instalarse en mi mesa.

¡Ya desearía yo que como la puerta
mi cabeza pudiera abrirse siempre!
Pero esto, ay, ocurre sólo algunas veces.

(1999)

DE LA POESÍA

Mi tarea no prueba la necesidad de ella. Pues consiste precisamente en no tener tarea alguna. Como poeta me veo obligado a inventarla a diario a fin de comprobar su inexistencia.

* * *

El poeta es dueño de lo invisible y por eso sabe adecuarse a la idea de que esta posesión es absolutamente tangible, porque se trata en último término de lo que no se tiene pero no se busca tener.

(1986)

EL ACTO POÉTICO PURO

A André Breton, In memoriam

Hay cosas que podrían decirse mejor si uno tuviera a la mano un cuchillo. Este instrumento sabe comunicar filo a las palabras. Pero si uno tiene para golpear la mesa algo más pesado que el puño, sin duda la palabra que sale de ese golpe, como si fuera empollado por éste, es más efectiva. Es así como he gritado las palabras más atroces. Pensaba que no podía decirlas sin acompañar el gesto con algo que tuviera bastante consistencia, como la rosa o la viga de hierro. ¿Satisfacía con eso una sed de venganza? No. Buscaba un efecto más verídico. Lo que me preocupaba todavía era el sentimiento. Mi determinación era la de un poeta. Acepté en principio esta forma de actuar como un método. Después pasé de la poesía a los hechos. Encontraba en la realidad bastante perversión como para no ir yo mismo armado con una pistola. Hasta que comencé a disparar sobre la multitud...

POESÍA POR ASALTO

Como el asaltante que se hace de una bella rehén
y sin dar el frente se escuda con su cuerpo,
pistola en mano, marchando hacia atrás,
así por la fuerza, para escapar del cerco
y para robarte la voz y sentirla
como si fuera la mía,
así Poesía te he tomado por asalto.

2
(*Roces de familia*)

Desposadas con nosotros, las palabras nos abrazan,
nos arrullan. Son amorosas, por momentos
—sobre todo en la cama—.
Otras tantas veces nos refutan.
Ponen en entredicho oír de nosotros
tanta explicación.

Entra uno a discutir con ellas, látigo en mano
y al instante, sabiendo que la fuerza
es el mejor argumento de la razón,
sin salir de la boca, para evitar más roces
se esfuman.

CUESTIÓN DE RANGO

La autoridad de sentido que hoy se atribuye a cualquier
[cosa
ha hecho que una piedra
llegue a tener gran relevancia.
Que en la agenda de los asuntos diarios sea ella
la que ahora pase a ocuparse de solicitar del poeta
ser reconocida y tomada más en cuenta,
es una cuestión de rango.
Razonando de este modo, se hace inevitable justificar
—y hasta considerar normal— el hecho de que hoy
se la invite a sentarse a la mesa donde están
los agasajados principales: la rosa,
el arcángel, el albatros y la lámpara.

(1999)

LAS PALABRAS

No sé si las palabras reconocen
tan bien como el pan su sitio en la mesa.
Si poseen instinto para diferenciar a su dueño
con la precisión con que lo hace
el olfato del perro.
Si como el pan y el vino ocupan
un lugar exacto en la mesa
comunicando calor a las manos seguras
de alguien que sabe en este momento
lo que quiere. Si viven en su fuero a merced
de lo que se espera de ellas tercamente
prestas a confiarnos,
cuando lo solicitemos,
el poema. O si, menos dadivosas que el pan,
sólo renuentemente y con rabia
sabias por fin entregan sus vidas oscuras y turgentes
a quienes, poniéndoles cerco,
obstinadamente ensayan descifrar sus misterios.

(1991)

UN LUGAR EN MI MENTE

Cuando salgo de casa llevo conmigo a las palabras.
Entonces comienzo a descubrir las cosas,
veo esto y aquello con asombro de neófito
en una ventana. O quizás no veo ni descubro
nada nuevo y asombroso sino que nombro y nombro.
Fue por eso bueno traer conmigo a las palabras.
Fue útil tenerlas a mano, conmigo, en alguna parte
de mi mente para comprobar
       que todo lo que descubro se reduce a ellas.

II

Muy hermoso debe ser el paisaje
que elogias tomándote el trabajo de señalármelo
con la mano para que lo vea. Pero
yo sólo estoy viendo
aquello en lo cual pienso.
Bastante ocupado me tiene mi propio paisaje:
no un paisaje propiamente
sino un lugar en mi mente.

(1999)

DIÁLOGO DE UNA SOLA PUNTA

—Aquí está la cuerda. Hale usted por esta punta
mientras yo sujeto la otra.

—Pero, ¿cómo? Si esto no es una cuerda.
Es una serpiente.

—Entonces agarre usted la cabeza
que yo asiré la cola. ¡No vamos a pelearnos
por un problema semántico!

(1986)

PIEDRA DE TRANCA

Muchos gestos no tienen más sentido del que les atribuimos.
Se hacen elocuentes por su intención, y aún así,
tornándose legibles, ofrecen más de una significación.
Son ambiguos, de allí su ventaja.
En cambio una palabra dice algo concreto, poco o nada,
todo depende del grado de verdad que ella abrigue.

La palabra está gramaticalmente definida por lo que
dice y por lo que deja fuera, como un objeto prisionero
de su sentido. De modo que uno se ve forzado a tomarla
y a pronunciarla como el que, sin pensarlo, creyendo
que con ella puede decir algo, alza una piedra…

EL POETA ES UN ESTORBO, YA LO SÉ

El poeta es un estorbo, ya lo sé.
Lo mejor que llega a expresar de sí no da pie
para que se le considere un ciudadano de provecho.
Lo que dice no es por cierto lo más edificante
            que de un buen ciudadano pueda oírse.
Ni será tan divertido su tono como para que
se le aplauda por eso. Y si fuera próspero.
Y si llegara a expresarse bien,
sin miedo ni remordimiento tampoco ganará puntos
para que le asignen por eso una butaca
                 de primera fila en el Congreso.
Ni la audacia de su discurso conmoverá tanto
como para esperar de él que tome las riendas
saltando al coso de los asuntos públicos
armado de una flor y una metralleta.
Nada brillante se encontrará así pues en su discurso
para que yo, tomado en trance, ponga por él mis manos
                 sobre el fuego.
Pues ni el alma del peor virus de mala muerte
estará ausente cuando para juzgarlo
           al lector le toque apretar el gatillo.

(1999)

EL POETA CACHORRO

Lo que experimentaba yo con más fuerza
cuando iba de viaje por el campo era
el sentimiento de irresponsabilidad.

Un hombre que lleva, metido en un saco,
a su gallo de pelea, sabe a dónde va. También
la mujer que protege su bebé con un pañuelo
de colores, mientras intenta mantener
el equilibrio en medio del bamboleo del camión,
sabe a dónde va.

Los tipos agachados en un rincón de la plataforma,
guarecidos bajo el encerado para protegerse
del inclemente sol, dicen con sus gestos,
sin molestarse en confesarlo por el camino,
que saben a dónde van.

Y a todos les creeríamos.

Sólo el muchacho que mira irresponsablemente
hacia todos lados sin perder detalle del paisaje
sabe a dónde no va.
Puesto que su meta es la inmensidad.

(1999)

CONSEJO A LOS JÓVENES POETAS

Utiliza todo: la tapa de la alcantarilla,
la luna en el agua del retrete mirándose a solas,
la flor marchita en el pico de la manguera
del extinguidor de incendio.
No dejes nada afuera. Ni el hecho frotado con
las yemas de los dedos sobre el mostrador de vidrio.
Ni las moscas en los cubiletes de hielo
                    dos noches después de la borrachera.
Ni la voz que sólo se extingue cuando apagas la radio.
Ni el portazo a medianoche frente a la calle
como boca de lobo sobre cuyo muro ciego imprimes
dando manotazos tus desafueros, tus penas
y las coces de este graffiti que blasfema.
Utiliza todo: no dejes nada afuera.

(1999)

LAZARILLO

Siempre tiene que llevarse a sí mismo
y, además, sin soltarse, agarrado de su mano.
Sólo así está seguro de que no
podrá extraviarse. Siempre tiene
que llevarse a sí mismo
sin soltarse y agarrado de su propia mano
como si de sí mismo fuera el lazarillo
cuando en verdad tampoco está
bien seguro del sitio a dónde se dirige
puesto que para saberlo tendría
que saber antes de dónde viene.

Y en esto también el poeta es el ciego
que en todo momento necesita
conducirse agarrado de su propia mano
como si de sí mismo fuera él el lazarillo.

(1999)

NI EL PASADO NI EL FUTURO...

Ni el pasado ni el futuro están a la vista.
¿Y por qué habrían de estarlo?
Me basta con que el presente esté presente.
Me basta con que el presente esté conmigo
ahora mismo, junto a mí, a mi lado.
Y que esté aquí porque juzgue que
no puede ser de otro modo.
Y que esté aquí conmigo porque le dé la real gana
—supongo que por poco tiempo,
mientras hablo.

(1997)

LA UBRE PÚBLICA

La mayor utilidad que presta el tiempo
deriva de consumirlo,
de consumirlo enteramente, gozoso,
como a las frutas.
Si no vives lo has perdido para siempre.
Y sin embargo, ¿quién pone en duda
que es una ubre pública?
Tienes que hacerte un sitio debajo,
y pronto, para que no lleguen a decir
que lo desperdiciaste por estar pensando
en la mejor forma de exprimirlo.

(1986)

IDENTIDAD DEL TIEMPO

Siempre este empeño bien arraigado en la carne
de hacernos creer que el tiempo es una forma prostituida
del acontecer y que, por tanto, puede hacerse
el uso que nos venga en gana de él.
Siempre la jodida noción de que el tiempo gira gris
en una órbita ociosa
y de que el presentimiento de su pérdida es lo que se estira
y encoge en uno con el peso de un remordimiento
que nunca terminamos de superar.
Cuando en verdad de lo que se trata
es de comprobar que uno es al tiempo
lo que el tiempo a uno
          en razón de que somos la misma
cosa que él.

LUCE COMO LA ETERNIDAD

Todo el día la muchacha gira en su cuerpo
va y viene en el espacio donde
como pez en el agua se mueve.
Haga lo que haga, rápido el espacio
sin más demora, colmándola a su paso,
vuelve a cerrarse tras ella.

Su acción de moverse no es anunciada
                    más que por el halo
que de un sitio a otro deja su presencia.
No importa que el sol confunda en torno
a ella los colores del día
y que el húmedo calor relumbre en su piel
como pedrería, y el viento afanándose
de nuevo remueva las cortinas
para colar desde afuera la claridad del día.

El espacio la sigue a todas partes
sin que se dé cuenta,
y así no la venza,
deja que sea lo que ella quiera.

(1999)

El festín

¿Ha sido para el enjambre
de minúsculas hormigas
el sobrante de azúcar disuelta
en el fondo de la taza
que contenía té
un festín
o una emboscada?
¿Quién duda que se dieron su banquete?
Pero pocas regresaron
para contarlo.
Así nosotros.

(1997)

EXHORTACIÓN A MI DOBLE

¿Por qué te has molestado en venir?
Mejor hubieras hecho quedándote en la casa de mi cuerpo.
¿Por qué saliste de mí mismo? No necesitabas
excederte de mí. Ni agitar mis brazos,
darle cuerda a mis remordimientos
y expandirte en el curso de mis pies
por la empinada cuesta y la aplanada orilla
del valle muerto
que conduce a ninguna parte.
Tú me gustabas más cuando
no tenías cabeza y eras un vulgar maniquí comprado
por un bolívar
en el mercado de Catia.

(2005)

EL HABITANTE PRECAVIDO

Últimamente el cielo ha comenzado
a darnos dolor de cabeza.
El smog arrastra colas de llamativas sirenas.
A fuerza de recibir brillo las miradas
toman la consistencia del esmalte.
Con mañas de tirabuzón el humo nos enjuga las frentes.
Trenza el balbuceo de nuestros métodos.

Yo sé que el cielo decididamente
ha cambiado de carácter.
El horizonte de la inundación se ha puesto de pie.
La nube gira en su vuelo como si se tratara de un cohete.
Pareciera leerse en sus piruetas un designio de muerte.
Es obvio. La cosa está ahora en los techos.
El crematorio arma su cielorraso
        con el escape de nuestros coches.
Hay algo que no alcanza a despedirse de nosotros,
un aire envilecido que nos toma por sorpresa
puesto que de por sí
anida como serpiente en nuestras frentes.

(1982)

PAISAJE CON RUINAS

Por insensato que parezca, nada es tan impertinentemente
grato como ver las ruinas del palacio desaparecer
en medio de hojas y bejucos de una intrincada jungla.
La naturaleza armoniza bien con el progreso,
pero después que éste ha pasado.

Entretanto, el paisaje que resulta de la mezcla
en porciones iguales de lo que ahora crece y lo que,
beneficiando a la naturaleza, desde hace tiempo
ha muerto, garantiza paz a los restos.

(1999)

MÁSCARA DE LATÓN

En la ciudad resuelvo llevar una máscara de latón.
Qué tal si, por el contrario, es una forma
      de quedar bien ante el público
que me rechaza con la rapidez de la flecha
         clavada en el blanco.
Qué tal si lo inesperado es siempre lo que se espera.
Qué tal si mi salud externa
    trasluce bajo su coraza a un espíritu débil
apto para desmoronarse a las primeras.
Qué tal si mis dudas se tejen con prisa
alrededor de la soga que me saca de circulación.
¿Qué tal si el arrojo es la parte
del amago que en mí
   no alcanza a dar el frente?

(1978)

SI YO LADRARA

Si yo ladrara, no lo haría en rebaño
ni por una causa perdida
como correr detrás de una putica perra
en medio del maratón de perros.
Si yo ladrara, me gustaría
que mi ladrido se comportara decentemente
y que no desentonara igual
que lo hace el alarido que una perra pega

cuando es montada por un perro. Si yo ladrara,
no lo haría en plena calle, delante del público,
para que se viera que no estoy
interesado en volverme centro de la atención
cuando en realidad es eso
                    justamente lo que quiero.

(1999)

Naturaleza muerta con fondo marino

El engranaje en la roca donde maniobra el cangrejo
la biela la rolinera el cigüeñal el trencito de plástico
el tornillo exento y el vaso de cartón
que al molusco sirve de transitorio pedestal
afectados de transparencia en el fondo del arrecife
y convocados allí entre los despojos del mar
para componer una naturaleza muerta
que ante la mirada curiosa es ordenada
según una ley absolutamente casual
que exime al paseante de tener que buscar
en la mente una más oportuna
definición surrealista.

(1982)

LA CASCADA

Sentados en el barranco vemos la cascada
cayendo como sílabas blancas
fija sobre las grandes lajas
tal si una lengua oscura recobrara en el chorro
el uso de la palabra.
Y si enmudecemos nosotros es sólo para percibir mejor
cómo en la columna de agua una voz sin descanso
repite nuestros nombres.
¿O será que la naturaleza, acaso oscuramente,
sin obtener respuesta, nos habla?

(1999)

FÁBULA DEL PESCADOR Y EL PEZ

—Quizás si hubieras resistido te daría otra oportunidad
pero tu derrota fue demasiado evidente para no demostrar
la franqueza con que querías salir del agua.

—Sí, pero no deseo daño alguno; una simple anopsia
y ya está. No necesitas estrangularme. Basta con que
permanezca yo quietito unos segundos
en la arena caliente.
Uno o dos saltos y ya es el fin.
Para el pez en lo seco
el agua es siempre la última oportunidad.

—Entras en razón. Era esa justamente
la frase que esperaba oír de ti
            —y saca el hachuela.

(1999)

EL BOQUEAR ES UNO CON EL SALTO DEL PEZ

Sobran allí en la arena que decoran
estos seres leves que, ya sin astucia,
arrebatados a la espuma, se estiran
y pugnan en loco afán de quebrantar
la resistencia del oxígeno.
De cuando en cuando alguno, como si viese,
salta impelido por un resorte interno.

Pero, ¿de qué sirve que su terquedad flexible
vibrando en la luz del mediodía
con brillo relampagueante ventilen?

Siempre hay una bota lista para aplacarlos
y una mano que amontona y cuenta.

(1986)

ÁRBOL EN LA LLANURA

El árbol de ramas secas en la sabana
raya como pluma o lápiz el firmamento.

Y piensa para sus adentros
que es una mano interna

la que, en él mismo, lo mueve
a escribir este bucólico poema

como banda que desplaza
azules y nubes

de página en página del cielo.
¿Pero acaso sabe él

que esa mano que traza
es la misma que tacha?

También en esto es humano.
Escribe, escribe y borra.

(1999)

LLENO Y VACÍO

Sin el bosque no te imaginas la función del hacha.
Ésta ha sido pensada para penetrar en él.
Lo que en el hacha es suma, en el bosque es,
golpe tras golpe, resta.
Lleno y vacío. Ruido y silencio.
El hacha habla y el bosque responde.
El hacha pone la música pero el árbol es el instrumento.

ESTOS ALEGRES BUCARES...

Estos alegres bucares, estos samanes
en general nos hablan poco.
¿Por qué tendrían que hablarnos?

Lo que tienen que decir ya lo han dicho
con sus follajes con sus flores rojas y moradas,
con las vocales tiernas

de sus hojas frotadas por el viento
y lo seguirán diciendo
todos de la misma manera.

Basta mirarlos para que se agote en ellos
toda probabilidad de elocuencia
y su existir es reposada

presencia que en el sólo
mirarlos se agota.
Si algo tuvieran que decir

no nos lo dirían a nosotros.
Se lo dirían a los astros
¿o a algún dios oculto en sus frondas?

LAS PLANTAS CRECEN DE SU CUENTA

Las plantas crecen de su cuenta.
Nadie sabe cómo ni en qué momento.
Su crecimiento es una acción pasada.
Al menor descuido tuyo, madura
un tomate. Volteas y abre
la flor violeta del apamate.
Y todavía crees que tu mirada contribuye
a ese pequeño milagro.
¡Cuán equivocado!
Todo sucede sin que te enteres.

¡Y tienes todavía el coraje
de creerte dueño del jardín!

(1986)

Cantar a los pájaros

Observa con qué facilidad escribes
sobre pájaros. Pero ¿cuántos has rodeado
amorosamente con el calor de tus manos?
¿Cuántos han latido realmente
bajo la presión de tus dedos?
¿Acaso los has descrito
sin olvidar detalle como quien
conoce bien a un cuerpo amado?

¿Lo has liberado acaso
del peso de tus palabras?

(1986)

HUMBOLDT

Cabalga feliz las aguas
como si después de ser descubierto
al mundo sólo le faltara ser inventado.
Su instrumento de navegación es muy simple:
apenas un mapa, la punta de un lápiz,
un compás, un cuaderno de notas
descifrando una escritura secreta
sobre el pizarrón del Orinoco.
Lo demás: cuatro cargadores indios,
un baquiano, un práctico y, adelante,
hendiendo la selva, un machete.

Es fácil inventarlo, dijo el sabio.
Ni necesidad habrá de hacerlo.
Eso lo hicieron ya, amasando el barro
con el relámpago,
camberres y otomacos.

(1993)

LA LUZ DE MIS TRÓPICOS

Aquí nadie está claro y en primer lugar
yo tampoco.
¿Y por qué tendría que estar claro?
Lo que tiene que estar claro es la luz.
Con una claridad meridiana en alza
como las acciones de la bolsa

puede verse todo claramente.
Si no hay claridad en ti ni en mí
¿por qué preocuparse?
Goza tú de esta luz maravillosa,
de este paisaje cebado en los trópicos.

La confusión ideológica en mi país
es pura inocencia.
La situación política
perdonen si no la entiendo.
¿Acaso soy yo el más llamado a entenderla?
En mi país quien está claro
sencillamente es un tonto.

¡Que se roben ya las arcas
y que lo hagan cuanto antes
pero a mí que me dejen
la luz de los trópicos!

(1992)

PEDESTAL CON MEMORIA

La mano en su ademán de empuñar la espada
aferra sólo contención
y prudencia. Pareciera más bien
restregar con ella el brillo
de la empuñadura de bronce
y contentarse con esto,
perenne en su carencia.
¡Y vean cuánto estorba
allí un pensamiento!

¿Y quién que como él todo tasó
será tasado en recompensa
con la misma balanza del tiempo?
Nos mide desde su pedestal
pero, pasados los siglos,
él puede ser medido por nosotros.
Ésta es su desgracia y su urgencia
pero también su fortuna:
una plenitud de peso en bronce
que se sabe gesto petrificado
en el momento de pesarse.

No hay así pues prisa
en que esperemos eternamente
que un dios aquí, trocado en monumento,
narre una hazaña por la que ahora
nadie en la plaza pregunta.
Ni desesperación ni clemencia
hay en sus pupilas fijas y abiertas
hacia el silencio, pues nadie pasando
a su lado olvida que ya no es él el espejo del tiempo
donde la historia se mira,
sino que lo somos nosotros.

(1998)

DIARIO POR UNA ESTATUA

La estatua de Balzac por Rodin:
un poco inclinada hacia su costado izquierdo
como si buscara impulso para emprender la marcha.
No recostada exageradamente en el aire
o en ningún objeto o punto exterior a su eje,
sino más bien apoyada en sí misma.
¿No es un escándalo que así no se apoye
casi ninguno de nosotros?
¿Que para tomar aliento
tengamos que hacerlo desde un bastón?

Otros, en cambio, replegados hacia sus adentros,
contra la costura de sus trajes,
muestran que han sido no en balde seriamente cosidos a
                                                    [éstos.
Que es su cocimiento lo que los impulsa a respetarse
y a tenerse por sabios y grandes.

Observa en cambio a aquel otro:
si no fuera por el televisor, no tendría cabeza
más que para revelar el sitio de donde le fue arrancada.

O sería como la estatua de sal
en que lo ha convertido el nudo de la información.
Lleno de miedo, está condenado a mirar
sólo hacia delante.
Quítenle su pasado, por dios,
y verán que no sabrá hacer otra cosa
que declararse un hombre de nuestro tiempo

(siempre que la pantalla pueda
dar la cara por él).

LA CÓLERA DE LOS INVISIBLES

Una palabra cuando más puede apuntar
hacia donde está el látigo,
pero en general no es tan vehemente
como la rabia o como la improvisada
cólera de un momento.
O no hay entre ésta y la palabra
verdadera correspondencia
como la que hay entre el reflejo
y el puñetazo en el rostro.
A veces ni siquiera vale la pena admitir
las consecuencias de lo que estaría mejor
que confiáramos a la memoria o al silencio:
un encono, un resentimiento secretamente guardado
y dejado para esa ocasión
en que puedan sacarse a relucir
instrumentos más convincentes
como cuando es el grito y no la orden
comprensible y claramente dada
lo que empuja los vasos hacia el rincón de la mesa
e inexplicablemente para quien permanece al margen
alguien desenfundando un arma entra...

(1991)

Escrito en el álbum de Emily

¿En dónde reside la grandeza de Emily?
En su jardín. En el asombro menudo de las hojas,
en los charcos con sapitos y légamos,
en la azucena y en la alondra,
en la abeja dactilógrafa
y hasta en una mosca espiando
por el vidrio de su ventana.
De la palabra mármol no le hablen. La empleó
contadas veces como cuando
a Amherst llegaron tropas del Norte
y ella para manifestar su agradecimiento
se imaginó cual doncella de Orléans
simulando en el mármol
tallados con su fe
unos labios para siempre sonrientes.

ÍTACA

Es más fácil llegar para el que está dentro
que para el que viene de afuera.

No es menester que avance andando lentamente
o a la carrera, que sepa la dirección o que la averigüe.

Ni que dé muestras de estar llegando, liviano o exhausto,
a campo traviesa, por avenidas, bosques o encrucijadas.

No importa el medio de transporte, lento o acelerado,
ni la velocidad a que hace el camino
ni el paso de las horas.

Bien enterado del sitio, no necesitará cruzar la calle
ni abrir la puerta para informar, como Ulises,
que ha llegado.

Y para que, adentro, en el hogar estén junto a él
convocados, al calor del fuego, unos brazos,
unos labios, unas miradas.

Bastará con que esté en su casa
para saber en ese mismo momento
que sin necesidad de venir de afuera,

ya ha llegado,
ya ha llegado.

(1999)

HEROÍSMO DE LA REALIDAD

¿Por qué tomó tan extraña decisión
de irse a vivir a un litoral desierto
donde el lento y acezante mugido de oleaje,
embistiendo contra las rocas,
rompe el silencio de la playa
y el viento que silba entre los almendrones
lima la aspereza de las hojas del uvero?

El erizado mar y la picada montaña
los cocoteros, los dioses, los monos, las quebradas,
el bramido de la espuma salpicando las piedras,
supieron al fin que recibir a aquel huésped irónico
significaba no hacerse cómplices
de quienes, para usurpar sus dominios ancestrales
no abandonaban sus hábitos ciudadanos,
sus chequeras, sus mal habidas ganancias
sus colts, sus automóviles último modelo.
Reverón prefirió sus demonios internos
al halago de ver canjeadas sus pinturas
por una cuenta bancaria
y murió pobre.

La locura no avasalla
sino a los que saben, por haberla poseído,
arrancarle alguna estrella.
y así aunque la naturaleza nos impida combatirla
para librarnos de sus garras
salvo cuando el sueño termina y la tiniebla llega,
padecer la locura es también prueba
de que aún en la mayor soledad y la miseria
a un hombre puede estarle reservado
por un instante ser un dios o un genio.

VOLVERÉ POR MIS MULETAS

> Hazte desollar, cortar en piezas, pero no sufras
> que se te ampute. Hasta un perro en la calle te diría eso.
>
> ARTHUR RIMBAUD

La salud del sueño depende del estado de ánimo
del que sueña. Tal estado influye en la cualidad positiva
o negativa de los sueños. No son lo mismo los sueños
de Ofelia que los de Lady Macbeth. Ni el sueño
de los condenados y de los enfermos terminales
es el sueño en donde Rimbaud ataba estrellas
con cordones de oro. Ni el del impenitente aventurero
que regresó de Harrar con una faja de doblones
de oro ceñida a su cintura para morir pobre y confesado
en un hospital de Marsella.

BLAISE CENDRARS

Todo lo que en la calle Marco Polo
me rodea es gris: a pocos pasos hay
una estación gasolinera, una venta de neumáticos
y un restorán, en cuya barra
una pierna de jamón cuelga encima
de un montón de periódicos viejos.
Más allá está una tienda de ropa
con su puerta santamaría metiendo
tanto ruido, tanto ruido
al ser levantada en vilo como a la falda
de una mujer, de abajo hacia arriba.

Y en mi cuarto, en un cromo sin vidrio
pegado con chinches a la pared
hay un vapor, probablemente el Formosa,
a punto de levar ancla
desde un carcomido muelle del Havre
llevando a bordo a Blaise Cendrars.

(1990)

LA BELLEZA

Rimbaud se jactaba de haber sentado
en sus rodillas a la belleza, y la época
no vaciló en considerar
tan osada confesión
como una hazaña de incalculables
proyecciones literarias.

Pero en estos momentos escépticos
en que el gusto ha proclamado como verdad
irrefutable de la estética
el que puedan coexistir
bellezas feas y aborrecibles
junto a beldades por siglos y siglos
tenidas como tales,
yo me conformaría, por decir lo menos,
con sentármela a mi lado
y quedar con las manos y las rodillas libres
para, si me viera acosado,
intentar cuanto antes la fuga.

(1992)

LA IDEA DE MODERNIDAD

El contorno de la pierna de su amante
contra la puesta del sol:
he allí la imagen perfecta que más amaba Baudelaire
aunque finalmente no pasara de ser
una simple *esquisse* que por haberla imaginado
sin llevarlo al papel, a la luz lívida del crepúsculo
perduró sólo como anuncio del poema.

O tal vez, adelantándose a su época,
como fragmento loco
de la idea de modernidad.

2
(*Molinillo de chocolate*)

¿De la rotación de tres masas cilíndricas
podría esperarse un momento en el cual
la humanidad llegue a ser más feliz
rindiéndole tributo a la originalidad
que replanteando el orden
que hace que dos y dos sumen cuatro?

La demolición del pasado nunca fue más real
ni estuvo más próxima del fin
que cuando las tres masas
comenzaron a girar
sobre una mesa de disección.

(2004)

Donde trato de explicarme

Hasta cierto punto
las ocasiones de dar la cara por mí no negaré
que las he tenido. Pero mi versión de los hechos
—cuando de explicarlos se trataba—

era un tanto nebulosa y contradictoria
al punto de que, en el mejor de los casos,
ni yo mismo le prestaba cuidado.
De momento diré que la inconsistencia

de mi argumentación estaba en su nivel
más bajo y era igual a cero.
Pues si algo yo hubiera podido decir de mí

dudo de que no hubiese sido más que palabras.
Digo en el caso de haber tenido fuerza para armarlas
y fe para esperar de ellas un milagro.

DERECHO DE RÉPLICA

Cuando la naturaleza respeta tu vida
y te salva por un tris en el momento
en que estás a punto de perecer,
es porque ya se la habrá arrebatado a otro.
La naturaleza no suelta prendas.
Pero cuando es a ti a quien, en una segunda vuelta,
la arrebata, es porque sabe que
no tienes derecho a réplica.

Ni más alternativa.

(2004)

NOTICIAS DEL ALUD

Tenemos que agradecerles a los publicistas su interés por
nuestro país. Se espera que con el apoyo de éstos
y de la Comisión Nacional, de la TV, de la sociedad civil,
de la cinematografía mundial y de nuestros libretistas
y escritores, podamos sacarle a este doloroso suceso
el máximo provecho.

Tomado del diario *El Nacional*, Caracas, 23/02/2000

Una de las cosas que suceden con nuestro modelo
de participación ciudadana es que la gente está
cada vez más convencida de que
mirando los acontecimientos
en la pantalla chica se compromete más
que el que no ha visto nada.
Que se piense de este modo es una perversión que
los dueños de los medios alimentan con el propósito
de que la gente se ocupe más de lo que ocurre
en la pantalla
que de lo que ocurre en la realidad.

Este compromiso virtual le parece obvio a la persona
que sentada confortablemente piensa que basta
apagar el aparato para ponerse a salvo
de la furia de la inundación.

LOS AVISOS DEL CIELO NO SIEMPRE
SE ENTIENDEN DE ANTEMANO

Los gritos lucen fuertes en el momento de lanzarse
pero en sí mismos carecen de lógica específica
para diferenciar entre aquello que nos
sobrecoge de alegría y lo que nos paraliza de espanto.

Puedes sentir que te desgañitas de júbilo
y al mismo tiempo dar pie a que la gente crea
que sufres. Y en medio del alud, si alguien para
pedir socorro, lleno de miedo, grita a todo pulmón
quienquiera, ay, viéndole agitar sus brazos
puede llegar a pensar que eleva a Dios
cánticos de bienaventuranza.

Lo mismo pasa cuando alzas el tono de la voz
para avisarles que el muro de contención se ha roto
en el momento preciso en que te das cuenta
de que tu grito de alerta no pudo llegar a tiempo
o tú estabas demasiado lejos
al borde mismo del barranco para poder superar
con tu grito el rugido y la velocidad del torrente.

¿Y de qué sirve que en medio de la inundación
el que pide socorro acuse haber oído tu grito

si sólo volveremos a saber de él cuando
ya ahogado la corriente marina lo traiga de vuelta
sin haber recibido el perdón de Dios?

Y además, el tono
el timbre y la intensidad con que gritas
pocas veces ofrecen matices precisos
para saber distinguir, según la ocasión,
a un estado de ánimo de otro
pues entre la dicha y el horror
el grito no establece distancias.

(2000)

ESCENAS VIRTUALES

Ninguna imagen de la tragedia luce bastante cruel
cuando al lado, en la mesita junto al televisor,
hay un vaso con whisky y, más allá,
esperando, un sándwich y una taza de té.

Disculpen, pero aunque pueda ser cierto
eso que veo en pantalla es una escena virtual.
Observen allí cómo se dispara en el barranco
la cota de crecimiento de la corriente.
Observen allí cómo bajan los ahogados
sobre la cresta del caudal.

Afortunadamente todo cuanto ocurre afuera,
según la filosofía idealista, acontece sólo en mi mente.
Y tiene razón, pues basta hacer girar
el botón de cambio para borrar el acontecimiento
darlo por visto
y entrar a otro canal
donde también pasan una mala película.
Lo siento.

(2000)

LISTO PARA ATRAVESAR EL NUEVO MILENIO

Quiero protagonizar grandes sucesos,
así sea una catástrofe mayúscula
y salir airoso en primera plana en los medios,
en los canales, en la radio, en los periódicos.
Claro está sin que en la tragedia mi rol se reduzca
a ser mero testigo de los hechos,
camillero, jefe de brigada o socorrista
en las tareas de salvamento.
Tampoco quiero terminar haciendo
el ridículo papel de víctima
mecida y flotando en el oleaje revuelto
al final del guión.
Ni sufrir rasguñadura alguna
ni estar expuesto a investigación policial
por los errores en que haya podido incurrir
el director de la película.

(1999)

EL HOMBRE TIENE QUE LUCIRSE

El hombre tiene que lucirse.
Por eso su primer discurso es brillante.
Probablemente también el segundo.

¿Pero qué importancia tiene el último
si ya todo estará acabado? Para decir
su primer discurso el hombre se pone a tono.

Se baña, se afeita, pule sus zapatos
Lleva su mejor traje, elige para su corbata
la mejor prenda.

¡Ah, cuán lucido resultará su discurso
si se tuviera a sí mismo por actor y oyente!
Sólo si se quedara repentinamente muerto,
La expectativa de lucirse no sería confirmada.

(1999)

SOFTWARE

Puesto que este sujeto no es un original
bastante fiel a sí mismo,
sino por el contrario un boceto,
su sitio continúa en el caballete.
Y alegrémonos porque sea sólo un boceto.
Podría tratarse de un caso perdido.
Más tarde, si se tiene paciencia, de él podría
hacerse un original.
Claro está que cuando dispongamos
de las instrucciones precisas.
Para eso tendrán que esperarse órdenes de arriba.

—Tranquilícense. No pierdan las esperanzas.
Confien en nuestro Software.

(1999)

TOCAS MADERA

Tocas madera debajo de la mesa y tus dedos,
sin quererlo rozan una pelambre fina.
—Debe ser la piel del diablo —dices.
Para comprobarlo bajas la cabeza hasta el reverso
de la tabla y palpas el sitio donde
tus dedos acaban de posar su grima.

—Sí, es el demonio —y acaricias su lomo terso.

(1986)

LA BOLSA O LA VIDA

Eso es lo que no se cansan de pedirnos
como si la alternativa fuera ineludible
y el trance de decidir más importante
que el resultado de la acción.
Lo que no está bien es la forma de plantearlo
y que justamente la solicitud se pronuncie
con urgencia de revólver, impunemente,
por, una u otra opción,
sabiendo que la bolsa y la vida nos han sido
confiadas en préstamo
como quien dice por una temporada
y que igual daría pedirlo todo de último.
Que usen navaja, arma de fuego o que
nos pasen sencillamente la cuenta
no modifica en forma alguna
el mapa de la situación
ni dice nada en contra de las reglas del juego.

Lo que nos disgusta es lo tajante de la fórmula
o tal vez el hecho de que para responder
no podamos disponer ni de la vida ni de la bolsa.

(1980)

LAS COMUNICACIONES INEXACTAS

El trato con los demás es como el ladrido del perro.
Hagas lo que hagas para entenderlo, te es ajeno.
El ladrar tiene, sin embargo, una ventaja:
va en una sola dirección: del perro a ti.
En cambio, el trato con los demás
exige una respuesta:

quiere que tú también ladres.

2

El perro que sin dar marcha atrás
intenta cruzar la avenida no está
menos confundido
respecto a la orientación de su vida
que tú. Él también tantea y, para expresar
la gratuidad de su destino, gruñe.
Pero tú haces lo propio,
aunque pudiera entenderse lo contrario
del hecho de que el perro

encuentra una muerte súbita,
en tanto que tú, tú revelas
que hasta en esto eres un poco más lerdo.

(1986)

ACCIDENTE

Miren cómo ayer domingo
esa bella muchacha que conducía a toda prisa
murió al estrellar su coche
de frente contra un obstáculo.
He vuelto a mirar su foto en el periódico
donde se reseña el hecho sin extraer
por ahora ninguna conclusión
en cuanto al parecido próximo o remoto
que la muchacha pudiera tener
con una foto de carnet. Aunque confieso
que este detalle no hace menos enojoso
y grave el asunto de morir tan joven
y en tan horrible trance.
Ni me ahorra el dolor o la tristeza
por lo que a mí, como lector, me toca.
Al fin y al cabo no somos
sino testigos de la muerte de otros.
Así no estemos cerca del accidente
y la foto diga nada o poco.

(1992)

EL DESENLACE

Se hubiera podido evitar el desenlace
de no haber estado presente la víctima.
O si ésta hubiese muerto mucho antes
o, con más seguridad, si no hubiera nacido.

¡Impidamos que nuevos crímenes se cometan!
Borremos inmediatamente el mapa
    para que no haya sitio donde perpetrarlos.
El remedio debe comenzar por la geografía.

Es así como razona el gendarme.
O también: si el hecho no ha sido registrado,
no es historia. O sea que no ocurrió.

(2000)

COMO ULISES

Así como antes te detenía un río crecido
hoy te detiene un accidente de tránsito,
el silbato del vigilante, una calle ciega,
una orden que tú no entiendes

así te la dieran al oído.
Antes las cabalgaduras desfallecían
y rodaban deshechas por el barranco.
Pero nada te impedía llegar a casa

aunque tardaras como Ulises diez años.
Hoy te lo impide una especie
de muerte que encuentras en todas partes

pues como marca la llevas contigo
impresa en tu cuerpo bajo muchos
disfraces por fuera y por dentro.

ANTIGUA REALEZA

Como emblemas, el águila y el león
no me dicen gran cosa.
Al águila la vi en su cordel, amarrada

a un poste de alumbrado, vencida,
con la cabeza gacha y la mirada fruncida de pavor.
¿Y en eso consiste su altiva grandeza?

Del león recuerdo su imagen
en la escena de una película
donde se pavoneaba de un lado a otro

de una escenografía de cartón
sin atreverse a mostrar sus dientes.
También lo vi en un circo, condescendiente,

abriendo desmesuradamente la boca
en gesto de agradar al público
frente a la tranquila cabeza del domador.

¿Y en eso consiste su altiva fiereza?
Por dios, no me hagan tenerlos como parangón
para medir mis propias fuerzas.

(1992)

HISTORIA DEL POEMA

Los profesores de literatura dicen de la poesía
cosas que yo no diría del peor de mis enemigos.

GEORGE BOWERING

El preceptivista intenta darle caza.
Lleva en sus manos unas pinzas
y corre tras él
listo para desglosarlo
en cuanto le ponga el guante
como a infeliz mariposa.
Con argumentos más lógicos,
el profesor trata de echarlo por la fuerza
o, llegado el caso, si resultara
demasiado imprudente,
lo derriba de un puñetazo sobre la mesa.
Aunque selle herméticamente puertas y ventanas,
en el fondo sabe que el poema
no tardará en volver a colarse.
En una cosa el profesor y el preceptivista
están de acuerdo:
preferirían verlo muerto.

Y ahora la historia de la crítica

En esta ciudad todos quieren la muerte del poeta.
En Palacio todos quieren la muerte del poeta.

En la Academia todos quieren la muerte del poeta.
Los poetas mismos apuestan a la muerte del poeta.

Y cuanto antes. Pues sólo así, una vez muerto,
se podría comenzar a hablar de él. Mal o bien.

(1991)

Poema de Año Nuevo

Tú que celebras, ¿has notado alguna diferencia
de ayer a hoy? Por qué tanto alboroto?
Asómate, observa la calle y dime
si en este día de año nuevo todo no continúa igual.
Tu mirada y las cosas que ves permanecen
a la misma distancia que ayer, unidas por una línea recta
a través de la cual tus ojos dan por conocido
todo lo que encuentran en esa dirección.
El cielo sigue siendo de un austero azul neutral.
No hay nada nuevo en la forma en que
el sol lame la pared de enfrente. De eso mismo
se ocupaba ayer. ¿Y acaso ha adelantado en su tarea?
¿Qué te hace pensar
que flota en el ambiente un matiz especial
de cuya condición efímera se desprenda
un estado de ánimo más optimista y diferente
al de ayer? ¿Qué es eso de salir a dar gritos
por la calle? Esta mañana los acontecimientos
sin presentarse duermen a pierna suelta.
El azar mantiene en secreto su próximo paso.
Dependemos mucho más de él que de nosotros.
Voltea y observa en tu cuarto la pared
donde el almanaque cuelga en su sitio, sin moverse,

a la par del tiempo que con su ir y venir
hace que las cosas, inmóviles también,
se resistan a cambiar, cubriéndolas
con su manto polvoriento.
El espacio que habitas es el mismo.
Tú también.

(1998)

Escena con buitre

Que el hígado de Prometeo se reproduzca incesantemente,
se explica por el apetito insaciable del buitre.
El apetito de éste se regenera también por obra
de la reproducción incesante del hígado de Prometeo.
De forma que el ciclo se reanuda continuamente.
Lo que demuestra en este caso que la función hace
al órgano. Pero también lo contrario. En un momento
determinado las fuerzas se neutralizan. El hígado
de Prometeo deja de crecer y se reduce a ese trozo último
de víscera que ahora el buitre engülle de un tirón.
Puede determinarse entonces que al buitre le ha ocurrido
igual. Ya no tiene más apetito pero tampoco víscera
de dónde reponerlo.

Ninguno de los dos cede. Ni el hígado de Prometeo
renace ni el apetito del buitre se manifiesta hasta
tanto Zeus no lo ordene. Los dos contrincantes,
manteniendo la distancia, se miran de arriba a abajo.
Y la acción se paraliza.

Mientras tanto, un excursionista desprevenido
se ha trepado a la roca y estropea la escena
intentando sacar una foto. Zeus, desde su silla plegable,
lo recrimina y, agitando ambos brazos, grita: —Corten.

Cómo sabe que la historia se repite.

(1999)

LA DERROTA

Siempre está listo para librar la batalla en otra parte,
no en él mismo. En definitiva, en el terreno más
conveniente a las tácticas del otro, y hasta si se
quiere en el campo que éste ha elegido. Sabía que
todas las batallas donde se pone en juego el resto
son a muerte, incluso las que no se libran. Pero si
no le había sido dado escoger entre la lucha
corporal y el armisticio, ¡cómo no haber pensado
que hubiera podido al menos elegir el lugar del
combate! Pero también este recurso le fue negado, y
no por el otro, quien confiaba ya en su triunfo, aun
antes de alistarse, sino por él mismo. Si hubiera
podido disponer de su vida como de un arma. Si
hubiera sabido que su existencia era el cuartel en
disputa, porque había que pegar duro con los cuerpos
                                y esto tampoco lo sabía.

(1982)

PRÓLOGO DE LOS BASUREROS

Avanzaré sin sentir asco
ni pena ni repugnancia
largo a largo a tenderme en las gradas
de este reino donde el papel higiénico
flamea en los palcos de botellas.

Me iré a engordar los límites
en donde el cují y la rosa
se abrazan sin contrariarse
y la ciudad está en paz con sus víctimas
y no duerme desvelada
por el pico de los pájaros ebrios
que a mis sueños escarban sin prisa
y a mis expensas
aún no terminan de darse su cena.

Barranco abajo coronando los cerros de lata
con el sol retorciéndose en mi espina
encontraré hecho jirones
el hule de los sillones baratos
y veré a la carcoma
con sus huevos al hombro
entrar a los túneles del cedro.

Aquí donde al salitre por fin
los automóviles dan su brazo a torcer
y el jugo de frutas
no anda más por las ramas
y chorrea por los escalones
de la depredación.

Avanzaré entre la goma espuma y el anime
entre el poliéster y la fibra de vidrio
entre el vynil y la silicona,
marcharé avaro forrado de ropas
bamboleándome como un astronauta,
calzado con zapatos de a kilo
descenderé por las dunas de vidrios rotos
y el corcho de los desiertos.
Avanzaré a buscar lo que de ningún
modo encuentro, buscaré
lo que no se me ha perdido
entre resortes cuyos espirales
a mi paso hacen befa de mis pantalones
inflados como globos por el viento.

Subiré a los altares donde
el cobre y la porcelana
al paisaje montan guardia
y en la rosa del orín
dan a beber la gota de agua
que ya no sale por los caños.

Aquí donde el fuego no anda con rodeos
y va rápidamente al grano
como la luz en la punta del rayo.

Me iré de bruces entre los primeros
a descubrir cuanto antes
la manera de sellar con mi cuerpo
la boca de los tarros de basura.

Me iré a ver cómo en la pira del sol
por orden del instante
arden ya, de mayor a menor,
ay, todas nuestras tribulaciones.

(1978)

Imaginación de lo real

Lo imaginario es lo que más propenso está a convertirse
en real. A la inversa, lo real es lo que de por sí tiende
a hacerse imaginario. Es decir, a perder realidad.
Elija usted.

Pero la verdad práctica es que lo imaginario no entra
en los planes de lo posible si no tiene asiento
en lo real —aunque sea como pensamiento loco
o como idea de una alucinación.

PATRIA MÍA DEL HUMO

Miro el paisaje piadosamente:
veo como está dividido en dos por la carretera
que avanza en medio de la sabana incendiada
                    por sus cuatro costados.
A la izquierda y a la derecha, en primer plano
y al fondo, entre los pajonales las llamas avanzan.
Y una gruesa columna de humo
cuelga de la nube remota
como de un gancho de carnicería.

Sólo la carretera no está en llamas.
Luce en medio del incendio limpia de culpa.
Desde ella, como desde un mirador,
de lado y lado a mi pobre y amado
país se contempla. Algo comparable sólo
lo he visto en los cuadros de batallas
                    por la independencia.

Pero, ay, aquí ninguna de éstas se ha librado.

                                        (2000)

BOQUEAR CON PROPIEDAD

Boquear con propiedad es una de las virtudes
que a la hora de morir hacen la diferencia
entre el hombre y el pez.

¿Quién en esta circunstancia
mantiene la compostura?
Por regla general el pez.

(1993)

LEVEDAD DE LA MEMORIA

Deberíamos atrevernos a narrar con lujo
de detalles todo lo que nos pasa por la mente
en una especie de diario donde nada real sucede.
De este modo le ahorraríamos a la memoria
tener que venir a auxiliarnos con un discurso
torpe y lleno de ambigüedades
después de que los hechos ya han pasado
o no sucedieron.
No importa que nos equivoquemos
o que, exagerando la nota, lo que testimoniemos
resulte ser, como en el caso de los poetas
la obra de un gran embustero.
Después de todo no se escribe
sino sobre lo que uno imagina. Así
lo que nos imaginemos sea lo único
que en nuestras perras vidas
nos ha pasado.

(2000)

COCTEL

Demasiados programas.
Demasiados cocteles reuniones
convenciones congresos ritos festivales
Demasiados agentes libres en el mercado
y si a esto tú te sumas
acabarás con que hay
demasiada gente holgazana como tú
bostezando frente a un cuadro
a duras penas soportándose
para rechazarse luego
con un somero apretón de manos
y un hasta luego. Señores,
esta farsa no se detiene
y pese a ella sobrevivimos.

PARA TODOS LOS QUE NO LO ENTIENDAN
ESTE POEMA ES SOEZ

Los poemas que uno escribe contra el sistema son soeces
Los poemas que prohíbe la iglesia son soeces.
Los poemas que atentan contra la moral son soeces.
Los poemas que para nombrar las partes pudendas
hacen caso omiso de las recomendaciones
de la Real Academia son soeces.
Los poemas que hablan de sexo son siempre soeces
y los que irresponsablemente
escandalizan a una dama que al oírlos
en el acto se levanta de su asiento,
protesta y se marcha son soeces.
Igual que son soeces
todos los poemas que no se dicen con palabras

sino a coñazos.

SI SE ANUNCIARA DESDE UNA SALA DE JUEGO

Lo que vuelve más terrible a la onda de pánico
desatada tras la decisión de llamar a la guerra
cuando se le anuncia al mundo a través de cincuenta
micrófonos, es la carencia
absoluta de humor en quien lo declara.

Si esta decisión fuera tomada menos en serio
o se le anunciara desde una sala de bingo,
con aire desenfadado y menos sentencioso
(y hasta en mangas de camisa), la gente

podría estar mejor dispuesta para entender
que la guerra, además de ser un bonito negocio,
es parte de un gran juego en donde sólo
los que son enviados a combatir en ella
llevan las de perder.

Pero, ¿quién después de oír
el patético anuncio carente de humor,
va a creer que el mundo mejorará porque
se afirme que la guerra es la única manera
de cambiarlo? ¡Dígalo cantando, señor!

Y no es que yo no piense como cualquiera de ustedes:

Quien quiere que el mundo siga siendo como es,
no quiere que siga siendo...

(2003)

INCLUSO FRENTE A MI VIDA
YO PASABA DE LARGO

Yo tenía como ocupación habitual pasar de largo.
Dejaba atrás las ciudades, las multitudes,
las plazas, la campiña y la recta que conduce
al horizonte y su curvatura plana.
Lo cierto es que dejaba bien atrás al tiempo
como si ya no me perteneciera.
Y además, el presente, el porvenir, los buenos
y malos augurios, los muertos en sus parcelas,
las máscaras, los trajes, el exilio,
los huesos frotados por el timbre de las lluvias,
el temor, el éxito y las calamidades,
los claros entre la maleza y la muralla,
quién duda de que eran un recuerdo bien lejano.

Memoria, te nombraré de última,
ah viejo reloj estropeado.

Quién mejor que yo sabía que mi programa
era pasar de largo
y que si algo llevaba yo conmigo
era mi deseo de pasar de largo.

(1997)

NO TUVE ORO, GANADO NI HACIENDA

No tuve oro, ganado ni hacienda
pero sí la melancolía de Drummond
y su mal disimulado encorvamiento.
Como él me alisté. Fui aventurero
y funcionario público
y no me arrepiento.
Lo recuerdo solamente.

Como Drummond dejé también una fotografía
pegada con chinches a la pared.
—Viajero, mírala. Repara en el lugar
donde moré.

(1993)

CUANDO RECUERDO MIS ÉXITOS

Cuando recuerdo mis éxitos
no crean que lo hago con nostalgia.
Por el contrario, disfruto.
Pues el éxito es la parte tolerable del error
cuya suma, a la hora de hacer un balance,
es mucho mayor, mucho mayor.
Ciertamente, la columna del fracaso
está llena de cuotas que nunca terminaremos
de pagar,
ni en esta vida ni en la otra. Morosos,
nos esforzamos en hacerlo, claro está,
acosados por toda clase de acreedores
y, entre éstos, la muerte.
La satisfacción consiste, así pues,
en que los abonos parciales que vamos haciendo
dan al menos la ilusión de que el negocio,
mal que bien
marcha de alguna manera.

(1982)

ESTRATEGIAS

Al fin y al cabo
todo plan que en vida uno se trace
se reduce a una estrategia para sobrevivir.
En cuyo caso la estrategia montada tiene
como fin ponerse en buenos términos
con un deseable
y seguramente efímero porvenir.

Hay también los que trazan
estrategias con su pasado
dando como un hecho que éste
no volverá a ocurrir y que no
se está dispuesto a pactar
con la muerte a menos que sea
por una causa ejemplar
o por un accidente que no entraba
en los cálculos.

Aparte de que en todos los casos citados,
se comience o no a partir de cero,
lo difícil es que se cumpla el plan.

(2000)

Epitafio

En mi entierro iba yo hablando mal de mí mismo
y me moría de la risa.
Enumeraba con los dedos de las manos
cada uno de mis defectos

y hasta me permití delante de la gente
sacar a relucir algunos de mis vicios
como si me confesara en voz alta
y en la vía pública.

Comprendo que esto no es usual en un entierro
ni signo de buen comportamiento.
Un ciudadano cabal, aun estando muerto

—cuando es él el centro de la atención—
debe guardar las apariencias
y cuidar de no exponerse al ridículo.

(1999)

EL FIN TAMBIÉN PASARÁ

El fin también pasará
y vendrá después de éste
—el nuestro— otro fin
que también pasará.

Y así hasta que al final
el infinito cansado de esperar
diga si prefiere
dejar las cosas donde están

o si, a su vez, buscará
como nosotros que otro fin,
un poco más allá,
ponga el punto final.

(1999)

Donde pongo fin a mi libro

Aquí pongo término a mi libro,
aquí callo y salgo a tomar aire
(aunque sea el aire contaminado de la ciudad).
Con equipaje ligero, paseo mi vista fuera
de sus páginas, como desde una ventana.
Aquí embaúlo mi elocuencia primaria,
la dicción mocha, el aliento corto,
las horas estériles y el sobresalto,
la imagen fatua y el fuego blanco como centella
de las escasas palabras que ardieron.
Una por una, lector, he revisado sus páginas,
las he sopesado, estrujado, medido
y como si fueran brotes de un árbol viejo
las he arrancado y resembrado.
¡Más tiempo perdí en abrir mi libro que en cerrarlo!

Hasta aquí, amigos, mi afán de poco aliento
y la mal engrapada metáfora. Hasta aquí
el eufemismo de llamar *collage* al poema
sencillamente por cobardía de parecer
demasiado fragmentario.
Hasta aquí, señores, tanto remiendo
a la empalizada de palabras rotas.

Hasta aquí, la resaca de este monólogo
de viejo maderamen abandonado
en la playa donde mi designio
continúa grabado en la arena:

Aquí termino mi libro, aquí callo.

(1999)

CRONOLOGÍA

1931   Nace en Altagracia de Orituco el 16 de mayo. Hijo de Félix
        R. Calzadilla Paz Castillo y María R. Álvarez de Calzadi-
        lla. Segundo de ocho hermanos, desciende de una familia
        de agricultores asentada en las montañas de Guatopo a
        comienzos del siglo XIX.

1936-   Estudia primaria y bachillerato hasta 4° año en la escuela
1946   Ángel Moreno y en el Colegio Federal, luego llamado
        Liceo Ramón Buenahora, en su pueblo natal.

1950   Residiendo en Caracas, se gradúa de bachiller en Hu-
        manidades en el Liceo Juan Vicente González e inmedia-
        tamente se inscribe en el Instituto Pedagógico Nacional
        para seguir la mención Castellano y Literatura. Interrum-
        pe su carrera tras ser detenido por agentes de la Seguridad
        Nacional durante una manifestación contra el dictador
        Marcos Pérez Jiménez.

1951   Se inscribe en la Facultad de Humanidades de la Univer-
        sidad Central de Venezuela para seguir la mención Filo-
        sofía. Ante el cierre de la universidad, se traslada a su
        pueblo natal para dedicarse a trabajos del campo y a la
        actividad política clandestina.

1952 Obtiene con su texto *La torre de los pájaros* el primer premio del certamen de poesía del Festival Mundial de la Juventud, auspiciado por la Asociación Venezolana de Periodistas. El jurado lo forman José Ramón Medina, Ida Gramcko y Pedro Francisco Lizardo.

1953 En Altagracia de Orituco funda la Biblioteca Antonio J. Chacín mientras interviene en la campaña política de los partidos de oposición en contra de la reelección de Marcos Pérez Jiménez mediante un plebiscito convocado por el gobierno.

1954 Publica por iniciativa propia el opúsculo *Primeros poemas* en Ediciones Mar Caribe, colección que dirige en Caracas el poeta Vicente Gerbasi.

1955 Aparece publicado en los Cuadernos Cabriales del Ateneo de Valencia su poema *La torre de los pájaros*. Comienza a asistir a la Escuela de Artes Plásticas de Caracas y redacta sus primeros comentarios sobre artistas plásticos y salones para periódicos de Caracas.

1956 Inicia una columna de literatura y arte en el diario *El Universal* de Caracas, la cual mantendrá durante dos años. Este año también comienza a colaborar en el diario *El Nacional* y en la *Revista Nacional de Cultura*.

1961 Interviene en la fundación del grupo contestatario de vanguardia El Techo de la Ballena y organiza en compañía de Daniel González los primeros salones de arte informalista que se llevan a cabo en Maracaibo y Caracas.

1962 Circula su poemario *Dictado por la jauría*, en edición de El Techo de la Ballena. Presenta «Coloidales», su primera exposición de dibujos, en la galería Ulises, en Caracas.

1963 El Ministerio de Educación edita su compilación *Pintores venezolanos*, donde reúne ensayos sobre Reverón, Brandt, Ferdinandov, Castillo y otros maestros.

1967 Publica *Las contradicciones sobrenaturales*, en edición de El Techo de la Ballena. Ingresa a la Universidad Central de Venezuela (UCV) como funcionario de la Dirección de Cultura, adcristo al Departamento de Extensión Cultural.

1969 Se traslada a Maracaibo, contratado por La Universidad del Zulia (LUZ) para ocuparse del departamento de Extensión Cultural de la Dirección de Cultura. Segunda exposición, en la Librería-Galería Logos, de Víctor Fuenmayor. Aparece *Ciudadano sin fin*, por Monte Ávila Editores, Caracas.

1970 Residenciado en Mérida, se desempeña como profesor de arte moderno y venezolano en la Facultad de Humanidades de la Universidad de los Andes (ULA). Participa en la organización del Congreso de Cabimas (1970).

1972 Retorna a Caracas e inicia la publicación de una serie de monografías sobre arte venezolano, las primeras de las cuales están consagradas a Federico Brandt y Arturo Michelena.

1974 Funda y dirige el Museo de Arte Emilio Boggio, adscrito al Concejo Municipal del Distrito Federal.

1976 Dirige el Taller de Poesía de la Universidad Simón Bolívar y es cofundador en esta casa de estudios del grupo editorial La gaveta ilustrada (1976-1978), caracterizado por su gestión experimental.

1978 Aparece en la Colección Equinoccio de la Universidad Simón Bolívar su poemario *Oh Smog*. Ingresa a la Galería de Arte Nacional (GAN) en calidad de Asistente de la Dirección.

1982 Publica *Táctica de vigía*, Ediciones Oxigeno. Caracas-Bilbao, España.

1993- Retrospectiva de su obra plástica *Aventuras de lo real*,
1994 Museo de Bellas Artes. Homenajeado en II Bienal de Literatura Mariano Picón Salas, en Mérida. Asiste como invitado a festivales y eventos internacionales de poesía en Colombia, Argentina, Cuba, Bélgica y Bolivia. Recibe el premio mención poesía Francisco Lazo Martí por su libro *Minimales*, en el concurso anual auspiciado por Monte Ávila Editores Latinoamericana.

1996 Recibe el Premio Nacional de Artes Plásticas, otorgado por el Consejo Nacional de la Cultura (CONAC), por su obra como dibujante, crítico e investigador de las artes plásticas.

1999 Lanza su polémico libro *Diario sin sujeto*, en publicación del Taller editorial El Pez Soluble, en Caracas.

2004 Asiste a la 26ª Bienal de Sao Paulo, Brasil, como único representante por Venezuela. Son publicados por Monte Ávila Editores Latinoamericana su poemario *Aforemas* y el anecdotario *Armando Reverón, voces y demonios*. Viaja a Santiago de Chile, invitado por el Museo de Arte Contemporáneo, donde se exhiben sus obras expuestas en la 26ª Bienal de Sao Paulo.

2005 La editora Eloísa Cartonera de Buenos Aires publica su libro *Manual para inconformistas*.

Es invitado al Festival Internacional de la revista de poesía *Prometeo*, en Medellín y al Festival «Compartir el mundo», organizado por la Universidad de la Poesía, Santiago de Chile. Este mismo año presenta su exposición «Historia en dos ciudades»: dibujos, collages y pintura, en la Galería Leo Blasini, Caracas.

ÍNDICE

Biblioteca Básica de Autores Venezolanos

Este libro se terminó de imprimir
en junio de 2007,
en los talleres de PUBLICACIONES MONFORT C.A.,
situados en kilómetro 14 carretera vieja
Petare-Guarenas, Centro Industrial
Los Cedros, Sector Caucagüita,
estado Miranda, Venezuela.
Son 32.000 ejemplares
impresos en papel Bond 20 grs.